Menschenführung

Bennet Vogel: Menschenführung
Herausgegeben im Selbstverlag: Bennet Vogel, c/o AVEX, Sophie-
Charlotten-Str. 9-10, 14059 Berlin
1. Auflage 2013

ISBN-13:
978-1494783952

ISBN-10:
1494783959

Inhalt

Einleitung

Menschen sind in der überwiegenden Mehrheit leistungsbereit. Sie wollen arbeiten und sie wollen gute Ergebnisse erzielen.

Die zu erreichenden Ergebnisse entstehen gedanklich als Wunsch. Besteht ernsthafter Wille, die Wünsche zu verwirklichen, werden Ziele festgelegt. Führung ist nichts anderes als das tatsächliche Hinwirken auf die Erreichung der Ziele. Sind mehr als ein Mensch an der Verfolgung der Ziele beteiligt, ist es zumeist sinnvoll, daß ein Beteiligter die Führung übernimmt.

In einer Welt, in der die wechselseitigen Beziehungen zwischen Menschen Gegenstand freier Vereinbarung sind, kann ein Mensch einen anderen Menschen damit beauftragen, gegen Entgelt für ihn tätig zu werden. Stimmt der Vertragspartner zu, ergibt sich eine Auftraggeber – Auftragnehmer-Beziehung. Der Auftraggeber erhält das Recht zur Führung innerhalb der Vertragsbeziehung. Dieses Recht ist gleichzeitig durch den Vertrag beschränkt: Die Menschenführung bezieht sich nur auf das Vertragsverhältnis und nicht darüber hinaus.

Unabhängig davon können sich in einer solchen Welt jederzeit Gruppen ohne Auftraggeber – Auftragnehmer-Beziehung bilden. Diese entstehen zumeist ohne Gewinnmotiv, einfach aus den gemeinsamen Zielen und Überzeugungen der Einzelnen heraus. Da es keinen Auftraggeber gibt, hat im ersten Moment niemand das Recht zur Menschenführung. Die Übernahme von

Führung wird aber häufig als zweckmäßig erachtet, um die Kräfte der Gruppe insgesamt besser einsetzen zu können. Daher wird die Gruppe durch Mehrheitsentscheid Gruppenführer bestimmen.

In der hier beschriebenen Reinform sind die Bedingungen für gute Menschenführung am besten. Da die Vertragsbeziehung freiwillig eingegangen wird, kann davon ausgegangen werden, daß allen Beteiligten an deren Fortbestand gelegen ist. Sie wirken nach Kräften an der Erreichung gemeinsamer bzw. miteinander in Einklang stehender Ziele mit.

Die gemeinsamen Ziele sind für die Entstehung und den Zusammenhalt von menschlichen Gruppen entscheidend. Besteht Glaube an die Richtigkeit der Ziele und

Zuversicht, diese auch erreichen zu können, ist eine wichtige Bedingung für Menschenführung erfüllt.

Es wäre jedoch ein Irrglaube anzunehmen, es bedürfe nur gemeinsamer Ziele. Denn nicht nur das Ziel, sondern auch der Menschenführer muß anerkannt und unterstützt werden. Wenn innerhalb einer Gruppe von Menschen schlechte Ergebnisse erzielt werden, liegt dies zumeist an Fehlern in der Menschenführung.

Diese Fehler zu vermeiden, davon handelt dieses Buch.

Hinweise zu den verwendeten Wörtern:

Es wird häufiger das Wort **Produkt** gebraucht. Produkte sind Arbeitsergebnisse. Damit sind hier sowohl körperliche Produkte als auch Dienstleistungen gemeint.

Als **gut** wird ein Produkt oder eine Handlung bezeichnet, wenn sie den Zielen der Gruppe entspricht.

Als **Gruppe** wird ein Zusammenschluß von Menschen bezeichnet, der gemeinsame Ziele verfolgt. Die Größe der Gruppe spielt in diesem Zusammenhang keine Rolle.

Gruppen können spontan entstehen und spontan wieder verschwinden. Ein Beispiel sind Gruppen von Helfern bei Unfällen oder Katastrophen. Meistens bedarf es des Einsatzes weniger, die sich in dem Moment als Menschenführer berufen fühlen und die Führung übernehmen, um eine Gruppe zu erschaffen.

Gruppen können aber auch langfristig angelegt sein, wie etwa Familien, Unternehmen, Vereine, usw.

Eine Gruppe kann aus mehreren Hierarchieebenen bestehen, die hier auch Teilgruppen genannt werden. Der Vorgesetzte einer Teilgruppe wird als Teilgruppen-führer bezeichnet.

Derjenige, der Menschen führt – seien es einzelne Menschen außerhalb einer Gruppe, einzelne Menschen innerhalb einer Gruppe oder die gesamte Gruppe – wird wahlweise als (Menschen)Führer, (Gruppen)Führer, Vorgesetzter oder Chef bezeichnet.

Diejenigen Menschen, die geführt werden, werden wahlweise als Gruppenangehörige, Gruppenmitglieder,

Mitarbeiter oder Untergebene bezeichnet.

Kapitel 1: Grundsätzliches über Führung

Menschliche Grundbedürfnisse befriedigen

Jeder Mensch hat ein Grundbedürfnis nach Wertschätzung. Dieses Bedürfnis kann nicht auf Vorrat und ein für allemal befriedigt werden. Ähnlich den Grundbedürfnissen nach Luft, Trinken und Nahrung muß auch das Grundbedürfnis nach Wertschätzung ständig auf das Neue befriedigt werden. Das besondere an diesem Grundbedürfnis: Der Mensch kann es nicht selber befriedigen. Er muß die Wertschätzung von anderen bekommen, damit es – fürs erste – befriedigt ist.

Wertschätzung beginnt damit, einen Menschen wahrzunehmen. Zu erkennen, daß er da ist und ihm zu bestätigen, daß man sein Da-sein erkannt hat. Zur Wertschätzung gehört weiter, dem anderen Menschen Wichtigkeit zu gewähren. Zur Wertschätzung gehört nicht Anbiederung, geheucheltes Interesse, Verzicht auf Hierarchien oder der Verzicht auf eigene Bedürfnisse oder Rechte seitens des Wertschätzungsgebenden.

In unseren Umgangsformen spiegelt sich die Bedeutung der Wertschätzung wider. Wir grüßen, um den anderen in seiner Existenz zu bestätigen. Um ihm zu zeigen, daß man sein Da-sein erkannt hat. Daraus ergibt sich: Gruppenangehörige grüßen sich gegenseitig.

Wird besonderer Wert auf Hierarchie gelegt, kann von Untergebenen verlangt werden, daß sie ihre Vorgesetzten zuerst grüßen.

Jeder Grüßende hat das Recht darauf, zurück gegrüßt zu werden. Einen Gruß nicht zu erwidern ist eine Demütigung des Gegenüber. Es sollte nicht zu den Umgangsformen innerhalb einer Gruppe – die ja gemeinsame Ziele verfolgt – gehören, einander zu demütigen. Andernfalls wird die Leistungsbereitschaft herabgesetzt.

Wenn jemand an einen Vorgesetzten heranzutreten versucht, sollte der Vorgesetzte ihm zu erkennen geben, daß er ihn erkannt hat. Wenn Sie als Vorgesetzter beispielsweise in einem persönlichen Gespräch oder Telefonat sind, müssen Sie nicht alles stehen und liegen lassen, wenn ein Untergebener in Ihre Nähe kommt und offensichtlich etwas von Ihnen will. Sie müssen es sich auch nicht gefallen lassen, wenn dieser Ihr Gespräch unterbricht. Aber Sie sollten ihm schon zu erkennen geben, daß Sie ihn gesehen haben. Ein kurzes „Ich habe Sie gesehen. Bitte warten Sie noch einen Moment" ist höflich und entspannt die Situation. Das gleiche Gesetz gilt auch, wenn Sie im Gespräch unterbrochen werden. Wenn Sie in einem persönlichen Gespräch sind, und das Telefon klingelt oder eine andere Person betritt den Raum, dann ist es eine grobe Respektlosigkeit, wenn Sie den eigentlichen Gesprächspartner von da an vollständig wie Luft behandeln. Führen Sie das neu hereinkommende Gespräch so kurz wie möglich. Weisen Sie gegebenenfalls darauf hin, daß Sie bereits in einem Gespräch sind und vertagen Sie das eingehende Gespräch.

Kommunikation und Umgangsformen dienen in der Gruppe dazu, das Zusammenleben zu erleichtern und die gemeinsamen Ziele besser zu erreichen. Wenn Hierarchieunterschiede zur Verbesserung des Zusammenlebens und der Erreichung gemeinsamer Ziele förderlich ist, dann dienen sie auch dazu, die Hierarchie zu pflegen. Die Verletzung der Kommunikation und Umgangsformen ist schädlich. Sie verschlechtert das Zusammenleben und die Erreichung gemeinsamer Ziele. Wer dies tut ist als Menschenführer ungeeignet.

Klare Anweisungen

Stellt jemand ein Produkt nur für sich selber her, bestimmt er alleine, nach welchen Maßstäben ein Produkt als gut gilt oder nicht. Stellt jemand ein Produkt für andere oder im Auftrag anderer her, bestimmt er nicht mehr selber, nach welchen Maßstäben ein Produkt als gut gilt oder nicht.

Stellt jemand als Mitglied einer Gruppe ein Produkt her, bestimmt die Gruppe oder der Gruppenführer, nach welchen Maßstäben ein Produkt als gut gilt oder nicht.

Will der einzelne eine gute Leistung für eine Gruppe erbringen, so muß er als erstes wissen, nach welchen Maßstäben die Güte eines Produktes bemessen wird. Nur dann hat er Gewißheit darüber, was er tun muß, um eine gute Arbeit abzuliefern.

Umgekehrt gilt: Eine Gruppe verfolgt Ziele. Sie läßt durch ihre Gruppenmitglieder Produkte herstellen, die der Erreichung dieser Ziele dienlich sind. Will sie mehr gute Produkte, muß sie den einzelnen

Gruppenmitgliedern mitteilen, welche Produkte in welcher Form hergestellt werden sollen.

Es ist daher Aufgabe jedes Gruppenführers, klare Anweisungen zu erteilen.

Ändern sich die Umstände, kann es sinnvoll sein, Anweisungen zu ändern. Der Gruppenführer muß Änderungen so schnell wie möglich und allen Beteiligten bekanntgeben.

Leistungskontrolle

Leistungskontrolle umfaßt sowohl die Kontrolle der Leistung des Führenden als auch seiner Untergebenen. Eben aller, die zur Zielerreichung beitragen. Leistungs-

14

kontrolle ist immer nur Mittel zum Zweck. Dem Zweck

der Zielerreichung.

Der Vorgesetzte prüft die Leistung seiner Untergebenen.
Seine eigenen Leistungen müssen durch seine je-
weiligen Vorgesetzten überprüft werden. Hat ein Vorgesetzter keine Vorgesetzten (weil er z.B. selbständiger
Unternehmer ist), so muß er sich selbst überprüfen. Er-
gänzend kann er Fachleute mit der Überprüfung seiner
Leistung beauftragen.

Leistungskontrolle schafft die Voraussetzungen für ein
ordentliches Arbeitsklima, in dem Produktivität belohnt
und Nichtproduktivität nicht belohnt und Zerstörung
bestraft wird. In so einem Umfeld werden die Pro-
duktiven sich wohl fühlen und alle anderen hoffentlich

einen Bogen um die Gruppe machen.

Die Ergebnisse der Leistungskontrollen sollten den Untergebenen mitgeteilt werden. Es sollte immer nach der bekannten "Sandwich-Methode" vorgegangen werden: Erst Lob, dann das Ansprechen der Mängel, dann wieder Lob. Lob darf nicht überdosiert sein, sonst verliert es seine Wirkung. Überlegen Sie sich rechtzeitig, wie Sie eine befriedigende Leistung loben, wie eine gute und wie eine sehr gute. Wenn Sie loben, dann wählen Sie Ihre Worte entsprechend. Ungleiche Leistungen müssen ungleich bestätigt (= ungleich gelobt oder bemängelt) werden. Gleichmacherei würde hier nur sehr gute Leistungen bestrafen und Mittelmäßigkeit als ausreichend oder als erstrebenswertes Endziel erscheinen lassen.

Lob und Kritik von Vorgesetzten werden umso ernster genommen, je mehr sich der Vorgesetzte mit der Arbeit, die er beurteilt, auseinandergesetzt hat. Merkt der Untergebene, daß der Vorgesetzte sich nicht mit der Arbeit beschäftigt hat, nimmt er weder Lob noch Kritik ernst. Den Vorgesetzten nimmt er dann auch nicht mehr ernst. Und er wird beginnen, Abneigung gegen den Vorgesetzten zu verspüren, denn dessen Nichtbeschäftigung mit der Arbeit wird als Nichtbeachtung der eigenen Person verstanden.

Beschäftigung mit der Arbeit geben Sie dadurch zu erkennen, daß Ihre Rückmeldungen besondere Merkmale der Arbeit aufgreifen. Lob und Kritik seien immer spezifisch. Wenn Ihnen ein Untergebener eine Arbeitsprobe überreicht, so warten Sie, bis Sie sich lobend oder kritisierend äußern. Ihre Rückmeldung hat mehr Gewicht, wenn Sie die Arbeitsergebnisse einen Moment lang ruhig und aufmerksam prüfen, bevor Sie etwas sagen.

Dann sprechen Sie etwas ganz bestimmtes an, das Ihnen gefällt. Alternativ können Sie auch den Untergebenen fragen, wie er seine Arbeit beurteilt. Wenn er wenig Selbstbewußtsein hat, wird er die Mängel betonen. In diesem Fall bitten Sie ihn, zunächst nur zu sagen, was ihm selber an seinem Arbeitsergebnis gefällt, was er seiner Meinung nach gut gemacht hat.

Danach gehen Sie zu den Mängeln über. Sagen Sie sachlich, was nicht Ihren Vorstellungen – die mit dem Arbeitsauftrag bzw. den Arbeitsanweisungen übereinstimmen müssen – entspricht. Geben Sie keine Werturteile ab. Sagen Sie nicht: „Das ist schlecht", „hier haben Sie geschlafen", „das ist Mist", „das ist unmöglich", usw. Sagen Sie stattdessen möglichst genau, was nicht so ist, wie es sein soll. Sagen Sie z.B.: „Dort fehlt noch xy", oder „hier muß Farbe z verwendet werden". Noch besser ist es, wenn Sie einzelne Punkte ansprechen und den Untergebenen selber den Mangel herausfinden lassen.

Leistungskontrolle ist immer ein Soll – Ist – Abgleich. Das Soll ist das erwünschte Endergebnis, welches in Form eines Arbeitsauftrages oder einer Arbeitsanweisung mitgeteilt wurde. Das Ist ist das tatsächliche Ergebnis. Beides sollte übereinstimmen. Maßstab zur Beurteilung des Ist kann sinnvollerweise nur das zuvor festgelegte und den Gruppenangehörigen mitgeteilte Soll sein. Alles andere wäre Willkür.

Daraus folgt: Wer als Führungskraft die Arbeit seiner Gruppenangehörigen kontrollieren will, muß sehr genau wissen, was er will und was die Ziele seiner Arbeitsaufträge sind. Der unfähige Chef zeigt sich darin, daß er fachlich überfordert ist. Er ist daher nicht in der Lage, sinnvolle fachliche Ziele festzulegen. Er kann somit auch keine sinnvollen Aufträge vergeben, geschweige denn Leistungskontrollen vornehmen.

Zum Ende des Gespräches würdigen Sie als Vorgesetzter wieder etwas gutes, das Ihnen aufgefallen ist. Jedes Gespräch mit Ihren Untergebenen sollte in einer positiven Stimmung beendet werden. So steigern Sie

Ihre eigene Arbeitsleistung und die Ihrer Untergebenen für die unmittelbar nachfolgenden Tätigkeiten.

Mit dem hier beschriebenen Wissen wird einer der häufigsten Fehler beim "Feedback" deutlich. Dieser sei an einem typischen Beispiel aus dem Büroalltag beschrieben: Ein Gruppenangehöriger arbeitet ein Schriftstück in stundenlanger Arbeit aus. Er ist stolz auf das Ergebnis und geht zu seinem Chef. Er hofft auf Lob und Anerkennung. Er geht zum Chef ins Büro und übergibt das Schriftstück. Der Chef wirft einen Blick darauf und sagt ohne zu zögern: „Dort ist ein Rechtschreibfehler!" Der Gruppenangehörige fühlt sich, als wäre er gerade von einem Lastwagen überfahren worden. Die Folge: Selbstbewußtsein angeschlagen, Haß auf den Chef, Haß auf die Gruppe, erste Gedanken an innere Kündigung und der Antrieb, noch irgend etwas an dem Schriftstück zu machen, fällt ins Bodenlose.

Prompte Bezahlung

Wichtig für die Zufriedenheit ist die prompte Bezahlung. Wer beispielsweise als Freiberufler oder Selbständiger eine Arbeit abliefert, hat Anrecht auf eine schnellstmögliche Auszahlung der zuvor vereinbarten Bezahlung.

Angestellte Mitarbeiter wollen Ihr Gehalt und sonstige Zusatzleistungen pünktlich bekommen.

Geld ist einer der wesentlichen Antriebe, um in Gruppen Arbeit zu verrichten. Wird unpünktlich gezahlt, stellt sich sehr schnell Unzufriedenheit ein.

Als Unternehmer ist es daher von besonderer Wichtigkeit, pünktlich zu bezahlen. Ausreden gelten nicht. Die etwaigen Finanzprobleme des Unternehmers sind seine eigenen Probleme. Notfalls muß er den sprichwörtlichen Fensterkitt fressen, um seine Angestellten und Freiberufler bezahlen zu können.

Ähnliches gilt sinngemäß für die Verpflegung, wenn eine Gruppe eine Kantine unterhält oder die Gruppenangehörigen mit Lebensmitteln versorgt. Engpässe in der Verpflegung oder schlechtes Essen wirken sich sofort schlecht auf die Stimmung der gesamten Gruppe aus. Umgekehrt kann mit gutem Essen schnell die Zufriedenheit gehoben werden.

Persönliche Autorität

Das in diesem Buch beschriebene Wissen über Menschenführung hilft jedem Menschenführer, gut zu führen und dadurch Autorität zu gewinnen.

Darüber hinaus kann persönliche Autorität dauerhaft nur aufrechterhalten werden, wenn der Menschenführer in seinem Kerngeschäft gut ist, wenn er ein guter Ingenieur, Buchhalter, Handwerker usw. ist. Oder wenn er die Kunst der Unternehmensführung wirklich beherrscht. Er muß mindestens in einer Disziplin in seiner Gruppe der Beste sein, um wirklich dauerhaft anerkannt zu werden.

Als Experte wachsen ihm Sicherheit und überzeugendes

Auftreten zu. Seminare über Körpersprache und sicheres

Auftreten erübrigen sich dann fast von alleine.

Kapitel 2: Führung von Gruppen

<u>Moral hochhalten, Abweichungen unterbinden</u>

Menschen haben ein Gerechtigkeitsgefühl. Gerechtigkeit hat innerhalb von Gruppen von Menschen folgen-
den Gradmesser: Die Behandlung anderer Menschen. Es
ist weniger entscheidend für das Empfinden eines einzelnen Menschen, wie *er* behandelt wird. Wichtiger ist
für sein Empfinden , wie er *im Vergleich zu anderen*
behandelt wird.

Jede Gruppe braucht Regeln. Regeln, die den Umgang
untereinander und die Arbeit betreffen. Wird eine
Gruppe geführt, müssen dabei gleiche Regeln für alle
gelten. Die Regeln müssen festgelegt, bekanntgegeben,

ihre Einhaltung fortlaufend kontrolliert und Abweichungen sofort unterbunden werden. Das ist gerecht und menschlich: Es führt zu mehr Zufriedenheit unter den Gruppenangehörigen und besseren Arbeitsergebnissen.

Werden die oben beschriebenen Schritte nicht ausgeführt - fehlt auch nur ein einziger, - nimmt die Gruppe schaden.

Die Schritte im einzelnen:

Die Regeln müssen festgelegt werden

Gibt es keine festgelegten Regeln, werden die Gruppenangehörigen verunsichert. Ihr Bedürfnis, geführt zu werden, wird nicht erfüllt. Sie wissen dann nicht, welchen Beitrag sie leisten müssen. Sie fühlen sich unsicher. Sie werden zunehmend zögerlich, entscheidungsschwach und ängstlich werden. Sie spüren: Eine Gruppe ohne Regeln ist keine Gruppe.

Sie haben dann die Wahl: Entweder verlassen sie die Gruppe, um sich anderen Gruppen anzuschließen. Oder sie versuchen - anstelle der Vorgesetzten, deren Aufgabe es tatsächlich ist - die rudimentär vorhandene Gruppe zu einer richtigen Gruppe zu machen. Mit anderen Worten: Starke Vorgesetzte schaffen Gruppen. Schwache Vorgesetzte schaffen schwache, halbfertige Gruppen. Die Gruppe verfällt entweder. Oder die Lücke zu einer richtigen Gruppe wird in solch einer Situation von einzelnen Gruppenmitgliedern versucht zu schließen, indem sie eigene Regeln für die gesamte Gruppe aufstellen. Diese Regeln werden aus der eigenen Kinderstube, dem gesunden Menschenverstand, früheren Erfahrungen und den allgemeinen gesellschaftlichen Gepflogenheiten abgeleitet.

Der von schwachen Gruppenführern verursachte Mangel an Regeln wird innerhalb der Gruppe unterschiedlich bewertet werden. Gute Gruppenangehörige werden nach Regeln streben, die der Gruppe und damit den gemeinsamen Zielen dienen.

Die schlechten Gruppenangehörigen hingegen werden ihren Freiraum zum eigenen Nutzen und zum Nachteil der guten Gruppenangehörigen nutzen. Sie sehen die Chance, ihre Einzelinteressen zulasten der Gruppe durchzusetzen.

Gruppenführer und gute Gruppenangehörige haben gemeinsame Interessen. Ihr gemeinsamer Gegner sind die schlechten Gruppenangehörigen. Auch die schlechten Gruppenangehörigen haben ein Bedürfnis nach Regeln. Auch sie schaffen sich ihre eigenen Regeln, wenn ihnen keine Regeln vorgegeben werden. Ihre Regeln jedoch dienen nur ihnen selbst. Sie gehen zulasten der Gruppenführung und der guten Gruppenangehörigen.

Zwangsläufig kommt es zum Konflikt. Sind die Guten stärker, üben sie Selbstjustiz und stabilisieren ihre Ordnung. Das schmutzige Mittel Selbstjustiz wird eingesetzt, um die gute Ordnung zu verteidigen.

Obsiegen die schlechten Gruppenangehörigen, werden die guten Gruppenangehörigen entweder die Gruppe verlassen, oder selber in ihrer Sorgfalt und ihrem Arbeitseifer nachlassen. Dieses Nachlassen erfolgt schrittweise: Es beginnt mit leichtem Desinteresse an der Arbeit. In der Folge wird sowohl dem Arbeitsplatz als auch dem Arbeitsprodukt weniger Achtung entgegengebracht. Arbeitsmittel werden nicht mehr so sorgfältig benutzt, kleinere Beschädigungen werden in Kauf genommen, kleinere Fehler werden erkannt, aber nicht mehr behoben.

Später folgt dann die Ablehnung von allem, was mit der eigenen Arbeit zu tun hat. Dies kann sich bis zur Feindseligkeit gegenüber dem eigenen Arbeitsplatz, Kollegen, Vorgesetzten und Kunden steigern. Manche kehren diese Wut statt nach außen nach innen. Sie zerstören mit ihrem Frust und ihren Gedanken langsam sich selbst. Die Folgen können an vielen Arbeitsplätzen beobachtet und in der Zeitung nachgelesen werden: "Burnout", innere Kündigung, und immer mehr Fehltage ohne vorliegende körperliche Krankheiten.

Regeln müssen bekanntgegeben werden

Festgelegte Regeln müssen allen Gruppenangehörigen bekanntgegeben werden.

Gerade größere Organisationen schaffen es oft nicht, alle Mitarbeiter ausreichend über die geltenden Regeln zu informieren.

Werden Regeln nicht allgemein bekanntgegeben, entstehen Gerüchte. Einzelne Gruppenangehörige werden behaupten, die Regeln zu kennen. Sie werden versuchen, sich aus diesem vermeintlichen Wissensvorsprung einen Vorteil zu verschaffen. Wissen ist Macht. In jeder Gruppe von Menschen ist Wissen über andere Menschen und die Gesetze des Zusammenlebens Macht. Da das jedem bewußt ist, kann auch die Behauptung, mehr Wissen als die anderen Gruppenmitglieder zu haben, die Macht vergrößern. Die Folge: Es bildet sich eine informelle Hierarchie heraus. Die Gruppenführung läßt zu, daß einzelne zu ihrem persönlichen Vorteil die Gruppe für sich ausnutzen.

Es ist in diesem Fall unwahrscheinlich, daß die Guten obsiegen, denn die Schlechten und Rücksichtslosen haben den Vorteil des zusätzlichen Machtmittels Wissensvorsprung. Sie sind es, die den Wissensvorsprung über Regeln der Gruppe für sich behalten.

Die Gruppenführung muß daher unbedingt darauf achten, alle Gruppenangehörige zu informieren. Wenn sie aus Nachlässigkeit, Bequemlichkeit oder gar mit Vorsatz Gruppenangehörige bei der Informationsweitergabe über allgemeine Regeln benachteiligt (ihnen Wissen vorenthält, daß sie benötigen und daß nur von ihnen kommen kann, denn als Entscheider über die Regeln sind sie auch *die* Quelle der Regeln), schadet sie den Gruppenangehörigen und schadet dem Auftrag der Gesamtgruppe. Das Erstere, weil die Gruppenangehörigen verunsichert und geschwächt werden. Das Letztere, weil die Auftragserfüllung erschwert wird, wenn einzelne Gruppenangehörige geschwächt sind, und wenn die informellen "Herrscher" gestärkt werden, die ihre Eigeninteressen über den Auftrag stellen.

Die Einhaltung von Regeln muß fortlaufend kontrolliert werden

Dieser Satz ist eindeutig. Dennoch kann er mißverstanden werden. Viele Menschen verstehen nicht daß, was geschrieben steht, sondern daß, was sie glauben , verstehen zu müssen. Der Eingangssatz kann leicht umgedeutet werden in: „Menschen müssen ständig kontrolliert werden" oder „Menschen kann man nicht trauen" oder „Gruppenangehörige sollen bespitzelt oder entrechtet werden". Gemeint ist aber, was oben steht: Die Einhaltung der Regeln muß fortlaufend kontrolliert werden. Fortlaufend heißt hier: Ständig oder in festgelegten Abständen und ohne persönliche Vorlieben, die den vorher festgelegten Regeln infrage stellen.

Wird nachlässig kontrolliert, schleichen sich Fehler ein. Jeder, der schon einmal unterrichtet, angeleitet oder geführt hat, weiß das. Die Arbeitsergebnisse verschlechtern sich, die Auftragserfüllung leidet darunter.

Außerdem gibt es noch eine weitere Auswirkung fehlender Kontrolle: Diejenigen, die Aufträge richtig, vollständig und innerhalb der vorgegebenen Zeit erfüllen, können nicht gewürdigt werden. Gute Gruppenangehörige wollen, daß ihre Arbeitsergebnisse bemerkt werden. Schlechte Gruppenangehörige wollen nur in Ruhe gelassen werden und hoffen, daß ihre mangel- und fehlerhaften Arbeitsergebnisse nicht bemerkt werden. Werden die Ergebnisse nicht kontrolliert, leiden darunter die guten Gruppenangehörigen und die schlechten triumphieren. Die Guten leiden unter dem Mangel an Anerkennung ihrer selbst und ihrer Arbeit als Teil ihrer selbst. Die schlechten triumphieren, denn sie erhalten für viel weniger Leistung und Sorgfalt das gleiche Maß an Anerkennung (moralisch bzw. finanziell) wie die Guten. Wo ungleiche Leistungen gleich belohnt werden, beginnt der Abstieg. Denn zwangsläufig werden unter diesen Gegebenheiten die Guten sich erst fragen, ob Leistung sich noch lohnt und bald die Antwort geben, indem sie entweder dahin abwandern, wo Leistung sich noch lohnt oder aber anfangen, genausowenig zu leisten wie ihre schlechten Kollegen. Unter den Schlechten werden sich die Umstände bald herumsprechen und es werden mehr von ihnen in die Gruppe strömen. Die Leistung wird sinken und die Auftragserfüllung rückt in weite Ferne.

Ein weiterer möglicher Fehler, der dringend zu vermeiden ist, besteht darin, persönliche Vorlieben in die Überwachung der Regeleinhaltung einfließen zu lassen. Von der Überwachung der Regeleinhaltung ist es dann nicht mehr weit bis zur Schikane von Menschen. Wer die Befugnisse hat, die Regeleinhaltung zu kontrollieren, tut dies im Dienste des Auftrags. Er selbst dient dem Auftrag. Persönliche Launen und Abneigungen und Zuneigungen gegenüber Menschen müssen außen vor gelassen werden. Ganz so, wie es einst der Alte Fritz sagte: „Ich will heute nichts anderes sein, als der erste Diener meines Staates." Es ist eine gewaltige menschliche Leistung, diese Trennung zu vollziehen. Es ist der Unterschied zwischen Recht und Willkür. Zwischen Zivilisation und Barbarei.

Wer geführt wird, hat ein Recht darauf, daß diese Führung nicht mißbraucht wird. Außerdem haben geführte ein besonders starkes Gerechtigkeitsbedürfnis. Das Recht ersetzt Stärke. Untergebene geben Stärke an die Führung ab und dies muß durch Gerechtigkeit ausgeglichen werden. Niemand ist gerne der Spielball fremder Launen. Wollen Sie die aufrichtige Achtung und Treue Ihrer Untergebenen, dann achten Sie peinlich genau auf Gerechtigkeit. Behandeln Sie alle Unter-gebenen getreu den festgelegten und bekanntgegebenen Regeln. Nennen Sie eine gute Leistung gut und eine schlechte Leistung schlecht. Was gut und was schlecht ist bestimmen die vorher festgelegten Regeln. Ob Sie die betreffende Person gut leiden können oder nicht, darf hier keine Rolle spielen. Auch nicht, wie Ihre Tageslaune oder momentane Befindlichkeit ist.

Abweichungen müssen unterbunden werden

Kontrolle dient der Aufdeckung von Abweichungen vom Ziel. Erkannte Abweichungen müssen unterbunden bzw. korrigiert werden. Dies erfordert Willenskraft, Ausdauer, Mut, Fleiß, Geduld und Entschlossenheit. Diese lange Liste an Tugenden läßt bereits vermuten, daß nicht überall alle erkannten Regelabweichungen auch tatsächlich unterbunden bzw. korrigiert werden.

Untergebene achten sehr genau darauf, wie ernst der Führung ihre Regeln sind. Werden Regelabweichungen zwar festgestellt – sei es durch systematische Prüfung oder durch Zufall – und es wird nichts unternommen, werten Untergebene dies als Schwäche oder sie beginnen zu glauben, die Regeln hätten sich geändert.

Wird A vorgeschrieben, aber dulden die Vorgesetzten auch B, so glauben die Gruppenangehörigen bald, B wäre vorgegeben. Als Vorgesetzter haben Sie dann ein Problem, denn je mehr B Sie bekommen, desto ferner rückt die Zielerreichung.

Die Fehlerkorrektur sei vollständig und ohne zögern. Niemals darf man nur einen Teil der erkannten Fehler beseitigen und den Rest an Fehlern hinnehmen.

Bequemlichkeit oder die Furcht, sich bei seinen Untergebenen unbeliebt zu machen, könnten dazu verleiten.
Sie dürfen aber nicht dazu verleiten.

Man vermeide auch jede Zögerlichkeit. Wenn Sie erkannte Fehler eine Zeitlang dulden, und sie dann doch
unterbinden, bringen Sie Ihre Untergebenen gegen sich
auf. Sie empfinden so ein Verhalten als Willkür. Ihren
Vorgesetzten empfinden sie als schwach, unentschlossen
und wankelmütig.

Wenn Abweichungen nicht unterbunden werden – etwa
durch Chefs, die eher moderieren und zuschauen, als
tatsächlich zu führen – schleichen sich im Laufe der Zeit
mehr und mehr Fehler ein. Dies geschieht auch dann,
wenn eindeutige Arbeitsanweisungen gegeben wurden.

Die Tatsache, daß die Arbeitsanweisungen eindeutig sind und die Mitarbeiter in der Vergangenheit alles richtig gemacht haben, sagt nichts über die Zukunft aus. Scheinbar wie von selbst schleichen sich Abweichungen ein. Abweichungen, die sich anhäufen und gegenseitig verstärken. Die Unterbindung von Abweichungen ist daher eine ständige Aufgabe.

Hinzu kommen bisweilen Tests der Gruppenangehörigen. Es ist nur menschlich, den Weg des geringsten Widerstandes zu gehen. Daher kann es immer wieder zu bewußten Mißachtungen der Arbeitsanweisungen kommen. Diese dienen dazu, seitens der Mitarbeiter zu testen, ob es der Gruppenführer noch ernst meint mit seinen Vorgaben. Hier gilt dasselbe: Die Unterbindung von Abweichungen ist eine ständige

Aufgabe. Sie hört niemals auf, denn ihre Notwendigkeit ist immer gegeben.

<u>Zusagen und Ankündigungen einhalten</u>

Zusagen und Ankündigungen an die Gruppenmitglieder müssen eingehalten werden. Als Gruppenführer sage man nur Dinge zu, die man auch tatsächlich einhalten kann.

Gruppenmitglieder durchschauen schnell, ob das Wort des Gruppenführers verläßlich ist. Werden Zusagen und Ankündigungen zu oft nicht eingehalten, sinken das Vertrauen zum Vorgesetzten und seine Autorität stark.

Vertrauen ist eng mit Zuverlässigkeit und Berechen-
barkeit verbunden. Untergebene geben einen Teil ihrer
Selbständigkeit und Kontrolle über sich auf. Das min-
deste, was sie im Gegenzug verlangen dürfen, ist Be-
rechenbarkeit und Zuverlässigkeit des Vorgesetzten.

Sich vor seine Untergebenen stellen

Ein guter Vorgesetzter steht zu seinen Untergebenen. Er
erkennt die Wichtigkeit jedes einzelnen in der Gruppe.
Folglich redet er auch nicht in Abwesenheit schlecht
über seine Gruppe oder einzelne Mitglieder. Wenn die
Gruppe über mehrere Hierarchieebenen verfügt, stellt er
die ihm untergeordneten Teilgruppenführer niemals vor
der Gruppe bloß. Kritik und Zweifel sollten nach Mög-
lichkeit nie vor anderen erfolgen.

Lob gehört in die Öffentlichkeit. Tadel gehört nicht in die Öffentlichkeit.

Gruppeninternen Kämpfen oder gar Mobbing wirkt er entgegen. Eine zerstrittene Gruppe, die sich selbst bekämpft, leistet weniger als eine Gruppe, die zusammenhält. Einem Gruppenführer dürfen solche Dinge niemals gleichgültig sein. Erkennt er sie, muß er sofort einschreiten.

Es gibt keine bessere Gelegenheit, sich die Treue seiner Untergebenen zu verdienen, als wenn man sie gegen Angriffe von außen in Schutz nimmt. Druck von außen kann Druck aus anderen Gruppen (z.B. Kunden, Medien) oder aus anderen Abteilungen oder seitens der eigenen Vorgesetzten sein. Wenn Druck von außen kommt, schlägt regelmäßig die Stunde der Wahrheit. Ist dem Chef nur daran gelegen, seinen Allerwertesten zu retten? Oder steht er zu seinen Worten und Taten? Steht der Chef auch zu den Taten und Fehlern der von ihm geführten Untergebenen?

Früher gehörte es einmal zum guten Ton, als Vorgesetzter _immer_ die Verantwortung für Fehler seiner Untergebenen zu übernehmen. Unabhängig davon, ob der Vorgesetzte etwas für die Fehler konnte. Selbst wenn die Untergebenen den ausdrücklichen Anweisungen des Vorgesetzten zuwiderhandelten. Der Grund: Durch diese Regel ist der Vorgesetzte gezwungen, Höchstleistung aus seinen Untergebenen herauszuholen. Und es ist eine Frage der Ehre für ihn, ob er in der Lage ist, seinen Willen in und mit der Gruppe durchzusetzen. Deshalb würde er auch nie auf die Idee kommen, die Schuld bei seinen Untergebenen zu suchen, wenn er selber für die Leistung seiner Gruppe kritisiert wird.

Freilich hatten solche Vorgesetzten damals noch die Möglichkeiten, wirksam Fehlverhalten zu unterbinden. Denn Verantwortung kann nur übernehmen, wer auch über die vollständigen Möglichkeiten zur Erfüllung seines Auftrages verfügt. Echte Verantwortung hat daher nur der, der auch die rechtliche bzw. disziplinarische Macht hat, abweichendes Verhalten zu unterbinden. In diesem Sinne sind viele sogenannte Vorgesetzte heutzutage keine wirklichen Vorgesetzten mehr. Ihnen fehlt die Handhabe, schlechte Gruppenmitglieder auszuschließen oder Fehlverhalten wirksam zu unterbinden.

Für viele Leser mag der Grundsatz, Verantwortung für die Taten auch seiner Untergebenen zu übernehmen, wie ein Märchen aus längst vergangenen Tagen klingen. Dabei ist es noch gar nicht so lange her. Noch bis in die 1970er Jahre war dies in Deutschland verbreitet.

Besonders deutlich zeigt sich dies am Beispiel der Bundeswehr. In den 1960er Jahren war es noch üblich, bei tatsächlichen oder vermeintlichen Skandalen, als Vorgesetzter die Verantwortung zu übernehmen, indem man selber zurücktrat. Als aber immer mehr Vorgesetzte merkten, daß es in dieser Armee keine zureichenden disziplinarischen Möglichkeiten gibt, um militärische Aufträge auch gegen den Widerstand renitenter Soldaten durchzusetzen, bröckelte das Verantwortungsbewußtsein der Vorgesetzten, weil ja auch ihre tatsächliche Verantwortung bröckelte.

Das Beispiel schlechter Verteidigungsminister und das aufkommende Medienzeitalter erledigten den Rest. In der Politik geht es den einzelnen Volksvertretern nicht um Haltung, sondern um Außenwirkung. Verstärkt wird diese Tendenz durch die Geschwindigkeit, in der Medien reagieren, und die kurzen Sendeformate, die das Bild über den Inhalt stellen. Diese Entwicklungen wirken von oben auf die gesamte Gruppe ein, bis sie schließlich auch mittlere und untere Hierarchieebenen erreichen. Statt Verantwortungssinn gibt es heute die Angst um die eigene Außenwirkung und Karriere. Viele Vorgesetzte in der Bundeswehr und auch bei der Polizei suchen bei Angriffen von außen (insbesondere der Medien) in erster Linie nach einem Bauernopfer und erst zuletzt nach der persönlichen Verantwortung.

Wer Vorgesetzter mehrerer Hierarchieebenen ist, trägt die Verantwortung für sämtliche ihm unterstellten Ebenen. Gibt es Streit zwischen den einzelnen Ebenen, so muß die Loyalität in absteigender hierarchischer Rangfolge gelebt werden. Wenn eine untere Ebene eine höhere Verantwortungsebene innerhalb des Verantwortungsbereichs des Vorgesetzten angreift, hat sich der Vorgesetzte vor die höhere Ebene zu stellen und diese zu beschützen. Steht im Konflikt Aussage gegen Aussage, ist grundsätzlich zunächst der höheren Ebene zu glauben. Erst dann den nächsttieferen Hierarchieebenen in absteigender Reihenfolge. Erst danach Außenstehenden.

Warum ist das so? Sind Angehörige höherer Führungsebenen bessere Menschen? Der Grund ist rein prag-
matischer Natur. Zweifele ich die Glaubwürdigkeit der
höheren Teilgruppenführer an, verliere ich deren Vertrauen und Gefolgschaft. Außerdem wird der Zusammenhalt der Teilgruppenführer auf den verschiedenen Führungsebenen geschwächt. Zusammenhalt
ist für die verschiedenen Führungsebenen jedoch von
erheblicher Wichtigkeit für die Auftragserfüllung. Jede
einzelne Handlungsebene muß dauerhaft handlungsfähig
sein.

Leider läßt sich immer öfter beobachten, wie Vorge-
setzte die ihnen unterstellten Führungskräfte "opfern".
Wenn die "einfachen Gruppenmitglieder" oder die
Medien Vorwürfe gegen Vorgesetzte innerhalb einer

größeren Organisation erheben, wird ihnen oft *coram publico* seitens der Führung der Organisation das Mißtrauen ausgesprochen. Wenn jedoch den "einfachen Gruppenmitgliedern" und Außenstehenden im Zweifel eher geglaubt wird als den eigenen Führungskräften, hat dies verheerende Auswirkungen. Die mittleren (Führungs-) Ebenen fühlen sich zu Recht verraten. Sie werden ihre Aufgaben nicht mehr so gut wahrnehmen wie zuvor. Sie werden nachlässig, versteckt feindselig oder gehen in die innere Emigration. Viele gute Leute werden die Gruppe verlassen. Zudem werden die mittleren Führungsebenen Führungsprobleme bekommen. Die unteren Ebenen werden die Achtung vor ihnen verlieren. Zudem wissen letztere, daß sie bei Bedarf jederzeit die Entscheidungen ihrer Vorgesetzten bei einer übergeordneten Stelle anzeigen und annullieren lassen können.

Vorgesetzte, die ihren untergeordneten Führungsebenen geeignete Sanktionsmittel vorenthalten – sprich: Von ihnen Ergebnisse erwarten, ohne sie mit den erforderlichen Mitteln und Befugnissen auszustatten – begehen Verrat an ihrem Auftrag und an den ihnen unterstellten Führungskräften. Solche Vorgesetzten gehören abgelöst.

Die Gründe für dieses Verhalten sind zumeist entweder Scheu vor der Auseinandersetzung oder die Vernachlässigung des eigenen Auftrags zugunsten der eigenen Karriere.

Kapitel 3: Menschenführung interkulturell

Häufig wird behauptet, um Menschen aus anderen Kulturen führen zu können, müsse man deren kulturellen Gepflogenheiten kennen. Oftmals wird in der Ausbildung für interkulturelle Menschenführung nur die Interkulturalität gelehrt, nicht aber die Menschenführung. So kann Führung nicht gelingen. Über alle kulturellen Grenzen hinweg sind die menschlichen Grundbedürfnisse gleich. Diese gilt es zuerst zu lernen, bevor es an die vielbeschworene "interkulturelle Kompetenz" geht.

Meine Erfahrung ist, daß gute Führung kulturübergreifend nach denselben Grundsätzen funktioniert. Ich erlebe es immer wieder, wenn ich über *odesk.com*

Aufträge vergebe: Egal, ob der Auftragnehmer aus Kroatien, aus den Philippinen oder von sonstwo herkommt: Die in diesem Buch genannten Kriterien sind entscheidend. Und sie gelten kulturübergreifend.

Kapitel 4: Häufige Fehler

Die häufigsten Fehler in der Menschenführung sind Verstöße gegen die oben genannten Grundsätze. Dieses Buch ließe sich auch umgekehrt, als Verneinung lesen. Dann wäre das genaue Gegenteil der beschriebenen Grundsätze eine Anleitung für schlechte Menschenführung. In weiten Teilen ist dieses Buch tatsächlich als ein Buch über schlechte Menschenführung entstanden. Häufige Fehler wurden gesammelt und analysiert. Das Gegenteil wurde dann als Handlungsempfehlung formuliert.

Gruppen sind immer Zweckgemeinschaften. Findet keine Menschenführung statt, funktioniert die Gruppe nicht richtig. Kein Untergebener darf um gute

Menschenführung betrogen werden.

Viele Fehler in der Menschenführung haben als tiefere Ursache den mangelnden Willen zur Führung. Nicht jeder ist ein guter Menschenführer. Wer aber die Funktion des Vorgesetzten hat, muß führen oder er muß die Führung an einen anderen Vorgesetzten abgeben. Der Versuch, Vorgesetzter zu sein ohne zu führen, wird immer scheitern.

Oft verleiten "gute Zeiten" dazu, Menschenführung für überflüssig zu halten. Sie mag dann aus der Mode kommen. Da sie aber zeitlos ist, wird sie niemals überflüssig werden. Keine "gute Zeit" hält ununterbrochen. Je härter die Lebensumstände werden, desto mehr wird die Fähigkeit zur Menschenführung wieder gefragt sein.

Menschenführung wird oftmals als überflüssig, mindestens aber als unbequem, betrachtet. Fehler in der Menschenführung ergeben sich daher oft direkt aus dem Denken, man könne führen ohne zu führen. Dieses Denken verleitet Vorgesetzte zu Ersatzhandlungen. Ersatzhandlungen dienen dazu, sich mit der Gruppe zu beschäftigen, ohne die Gruppe wirklich führen zu müssen. Diese Ersatzhandlungen sind ein Vermeiden von Führung. Sie werden in der Hoffnung vorgenommen, damit Menschenführung im eigentlichen Sinne überflüssig zu machen.

Hierzu zwei Beispiele:

Der Versuch schnell Beliebtheit bei seinen Untergebenen zu erlangen und amateurpsychologische Spielchen.

Der Versuch, schnell Beliebtheit bei seinen Untergebenen zu erlangen, ist eine Ersatzhandlung. Sie wird
vorgenommen, indem um die Zuneigung der Untergebenen gebuhlt wird. Das Ziel: Sich der Gefolgschaft
der Untergebenen zu versichern. Die Hoffnung: Kon-
fliktfrei als Vorgesetzter zu überleben.

Zu schnelles Knüpfen persönlicher Bande wirkt sich oft
nachteilig aus. Zu schnell verringerte persönliche Dis-
tanz erschwert es dem Vorgesetzten, unangenehme
Entscheidungen durchzusetzen. Sie verhindert auch
keine Konflikte. Spätestens im Konfliktfall ist dann
wieder gute Menschenführung – und nichts anderes –
gefordert.

Wer als Chef versucht, freundschaftliche Bande zu den Gruppenmitgliedern zu knüpfen, sollte zuerst seine Aufgaben als Menschenführer erfüllen. Erst dann kann er sich den Luxus der Verbrüderung mit seinen Untergebenen leisten.

Auf amateurpsychologische Gehversuche sollte ein guter Menschenführer gleich ganz verzichten. Sollten seine untergebenen therapiebedürftig sein, so sei jeder Menschenführer versichert: Arbeit in einer gut geführten Gruppe ist eine der besten Therapien, die es gibt. Unabhängig davon verbietet es sich, Mitarbeiter ungefragt zum Gegenstand psychologischer Klassifizierungen zu machen. Es gibt Vorgesetzte, die ihren Untergebenen ungefragt mitteilen, wie sie etwa deren Körpersprache, deren Gedanken oder Befinden einschätzen.

Dieser Unsinn kommt vermutlich aus den Personalabteilungen großer Unternehmen. In Ermangelung von Fachkenntnissen über das Kerngeschäft des Unternehmens werden an Bewerbern psychologische Tests durchgeführt. Als Personaler kann man derartigen Unfug treiben, um seinen Arbeitsplatz im Unternehmen zu rechtfertigen. Als Menschenführer hat man Aufträge zu erfüllen. Der gute Menschenführer beurteilt daher Untergebene nach deren Fähigkeit, Aufträge zu erfüllen, und nicht nach deren Fähigkeit, psychologische Tests zu bestehen.

Die Körpersprache und Stimmlage spielt nur bei ausgewählten Tätigkeiten – etwa bei Vorträgen oder in Verhandlungen – eine Rolle für die Gruppe. Ansonsten sind sie die Privatsache jedes einzelnen Gruppenmitglieds.

Egal was Sie über die Körpersprache oder das Auftreten ihrer Untergebenen denken: Es sind Menschen mit freiem Willen. Keine Probanden, denen man man ungefragt seine Meinung hierzu mitteilt oder gar in psychologische Kategorien einteilt.

Derartige Äußerungen kommen dementsprechend schlecht bei den Untergebenen an. Entweder werden sie als persönliche Abwertung verstanden, oder als Anbiederungsversuch des Vorgesetzten.

Menschenführung erfordert Fleiß, Verantwortungsbewußtsein und Entschlossenheit. Sie läßt sich nicht durch Ersatzhandlungen ersetzen. Vertrauen zum

Vorgesetzten und Zusammenhalt innerhalb der Gruppe entsteht nur durch sinnvolle gemeinsame Ziele, die mittels richtiger Menschenführung verwirklicht werden.

Alle Versuche, Menschenführung durch Vernachlässigung der Führungsaufgabe doch irgendwie erreichen zu können, werden mißlingen.

Kapitel 5: Menschenführung und Freiheit

Menschenführung im Sinne dieses Buches bedarf zwingend der Freiheit. Genauer: Der Freiheit, die Gruppe verlassen zu können. Sowohl Gruppenmitglieder als auch Vorgesetzte sollten diese Freiheit haben. Alles andere wäre eher mit Begriffen wie Dressur, Herrschaft oder Diktatur zu beschreiben.

Die Aufgabe des Menschenführers ist entbehrungs- und risikoreich. Wer seine Aufgabe ernst nimmt und gut ausfüllt, dessen Leben ist schwerer als das des einfachen Gruppenmitglieds. Wird dies in der Gruppe erkannt, werden sich nur wenige Menschen freiwillig als Gruppenführer melden. Vieles, was der Eitelkeit schmeichelt, etwa die Entscheidungsbefugnis, ist in

Wirklichkeit nur Mittel zum Zweck. Sie bringt dem Vorgesetzten mehr Arbeit und Sorgen als Annehmlichkeiten.

Gruppen, die in Freiheit entstehen, stehen nicht im Widerspruch zum Vorteilstreben des Einzelnen. Im Gegenteil: Gruppen können nur dann dauerhaft bestehen, wenn sie dem Streben nach individuellen Vorteilen nicht im Wege stehen.

Jedes Gruppenmitglied wird sich vom Eintritt in die Gruppe persönliche Vorteile versprechen. Langfristig ist jedem am besten gedient, wenn er der Gruppe dient. Stehen Geben und Nehmen innerhalb einer Gruppe über längere Zeit in einem unausgewogenen Verhältnis, wird die Gruppe untergehen. Jedes nach persönlichem Vorteil strebende Gruppenmitglied wird daher an einem dauerhaften Bestand der Gruppe interessiert sein und sich dementsprechend verhalten.